NOTICE

SUR

M. GUSTAVE LAMBRECHT,

Par H. PARMENTIER, avocat,

LUE EN LA SÉANCE DU 12 AVRIL 1844.

EXTRAIT DES MÉMOIRES DE LA SOCIÉTÉ ROYALE ET CENTRALE
D'AGRICULTURE, SCIENCES ET ARTS DE DOUAI (1843-1844).

DOUAI,
ADAM D'AUBERS, IMPRIMEUR.
1844.

NOTICE NECROLOGIQUE

SUR

M. GUSTAVE LAMBRECHT.

MESSIEURS ,

C'est pour moi une pénible mission , et toutefois j'ai à
cœur de rendre à la mémoire de l'un de nos anciens col-
lègues , qui fut mon ami , le dernier devoir qu'un pieux
usage a consacré parmi nous. Certes , lorsque , si jeune
encore , il était admis dans notre société , nul de nous ne
pouvait croire que nous dussions aussi promptement en
déplorer la perte , et moi , Messieurs , je ne devais pas
m'attendre à remplir aujourd'hui ce triste soin de le rap-
peler à vos souvenirs en renouvelant tous vos regrets.
Mais si sa vie fut courte, elle fut du moins bien remplie, et
nous pouvons en tirer , je le pense , d'utiles enseignemens.

Pierre-Gustave-Adolphe Lambrecht naquit à Douai le
14 février 1813. Il trouvait dans sa famille tout ce qui
relève et glorifie l'homme devant le monde et devant Dieu,
la fortune, la considération, la vertu. Il ne lui manquait
pas de bons exemples à suivre, de beaux modèles à imiter,
soit qu'il prît la carrière des armes, soit qu'il entrât dans
la robe. Plusieurs de ses ancêtres avaient porté l'épée
aussi dignement que d'autres avaient siégé sur les fleurs
de lys au Parlement de Flandres, et plus tard à la cour
d'appel de Douai. Mais dans le rang où sa naissance l'avait
élevé, Lambrecht courait risque de succomber à une
dangereuse tentation. Il pouvait se croire autorisé à ne
rien faire par tous ces jeunes oisifs bien nés qui consom-
ment dans une frivolité superbe les fruits du travail de
leurs ancêtres 1). Lui aussi était du nombre des privi-
légiés de ce monde qui n'ont pas besoin de travailler pour
vivre. Mais il avait compris de bonne heure cette divine
vérité que l'homme ne vit pas seulement de pain et de
jouissances matérielles, qu'il lui faut encore une nourriture
intellectuelle et morale, afin d'être vraiment supérieur aux
autres créatures. Aujourd'hui qu'une grande révolution
s'est opérée dans les idées et dans les faits, il était con-
vaincu que, pour vivre noblement, il fallait travailler, que
l'homme n'a de valeur que par son mérite personnel, et
qu'il doit nécessairement relever de ses œuvres, s'il tient
à l'estime de ses semblables.

C'est, au reste, chose grave en ce monde que le choix
d'un état. Tout l'avenir de l'homme en dépend; l'on ne
saurait trop y réfléchir. Combien n'en voit-on pas qui,
fort étourdiment, se jettent tête baissée dans une carrière
où leur nature ne les appelait pas, qui, pour le dire en

---

(1) *Fruges consumere nati* (Horace, liv. 1, ép. 2).

termes vulgaires, manquent leur vocation , et ressemblent ensuite à des voyageurs égarés , ne sachant plus quelle direction prendre dans la vie ? Lambrecht avait une aptitude remarquable aux sciences mathématiques , il les étudiait avec goût et presque avec passion ; aussi se croyait-il appelé vers l'école Polytechnique , où son frère devait plus tard entrer si glorieusement , lorsqu'un concours de circons- tances inattendues et les désirs de sa famille le détermi- nèrent à changer la direction de ses idées et de ses travaux. Il entreprit alors avec ardeur et succès son cours de droit. Les lois romaines , qui plaisaient tant au génie mathéma- tique de Leibnitz , devaient particulièrement intéresser Lambrecht ; et nous savons qu'il éprouvait un véritable plaisir à les étudier. Après avoir soutenu avec distinction toutes les épreuves de l'école , il fut reçu licencié et prêta devant la cour de Douai le serment exigé de l'avocat, le 9 décembre 1853. Il prit immédiatement dans le jeune bar- reau la place que lui assignait son mérite. Il s'y fit remarquer par la justesse de ses idées , la netteté de ses vues , la rectitude de son jugement , l'étendue de ses con- naissances. Mais comme il ne se laissait pas éblouir par les éloges qui l'accueillirent à ses débuts , et parce qu'il se jugeait sévèrement lui-même. il ne tarda point à reconnaître son insuffisance sur une partie importante du droit ; il lui manquait l'instrument nécessaire à la mise en œuvre de son savoir. En effet, Messieurs, le droit n'est pas une science idéale , purement spéculative ; c'est une science d'application , une *théorie d'art ,* ainsi que disent les Alle- mands. L'on ne sait donc qu'imparfaitement le droit lors- qu'on ignore les moyens d'en faire usage et de l'appliquer aux divers besoins de la vie civile. L'étude de la procédure est à la vérité fort aride , elle rebute beaucoup d'esprits éminents , elle ne dit rien à leur imagination , elle ne flatte pas leur amour-propre autant que les théories pures du droit; et comme il ne faut pas être un grand génie pour l'entreprendre, il leur semble même qu'elle est le partage des esprits médiocres. Montesquieu disait fort dédaigneusement : « Je n'entendais rien à la procédure, je m'y suis » pourtant appliqué; mais ce qui m'en dégoûtait le plus, » c'est que je voyais à des bêtes le même talent qui me » fuyait. » Il est vrai que de son temps la procédure était un labyrinthe presque inextricable ; mais aujourd'hui qu'elle est fort simplifiée et facilement intelligible, l'ignorant n'aurait plus l'excuse de Montesquieu et ne pourrait point surtout se permettre le superbe dédain d'un grand génie. D'ailleurs, l'avocat qui ne connaît pas la procédure se trouve arrêté à chaque instant, il trébuche à chaque pas. L'on ne peut également sans la connaître, exercer en conscience le ministère de la justice soit comme juge, soit comme avocat du roi. Mais cette connaissance ne s'acquiert pas à l'école ; l'on ne peut bien apprendre la procédure qu'au Palais, et en la pratiquant. Ce que l'on dit de l'artisan peut s'appliquer au praticien : *fit fabricando faber.* Lambrecht, qui, comme tant d'autres, arrivait au barreau sans être initié à tous les mystères de la procédure, et qui ne voulait pas s'en instruire à ses dépens, prit alors une résolution énergique et qui aurait effrayé, sans doute, la plupart de ses jeunes confrères. Il ne balança point à se faire clerc d'avoué, jugeant avec raison qu'une étude était la meilleure école où l'on pût se former à la pratique du droit par l'expérience des affaires. En même temps qu'il y apprît cette tactique du Palais qu'il faut nécessairement connaître pour pouvoir engager ou soutenir une action en justice, il y puisa cet ordre méthodique dans les idées, cette précision et cette rigueur dans le raisonnement, par lesquels il se montrait surtout remarquable.

C'était avec la même résolution et la même ardeur qu'il avait entrepris précédemment l'étude des lois anglaises durant un séjour assez prolongé qu'il fit à Cambridge, en 1854. Cette législation, qui n'est pas comme la nôtre, simple, régulière, homogène, se compose, vous le savez, Messieurs, de traditions surannées, de coutumes gothiques et tout-à-la-fois de statuts plus récents, d'innovations modernes, mélange bizarre où l'on paraît avoir voulu mettre d'accord l'esprit de conservation et l'esprit de progrès, mais où plutôt l'on a rendu, par un singulier rapprochement, le contraste plus sensible et l'antagonisme plus manifeste. Au milieu de ces lois aussi diverses d'origine que le peuple dont elles émanent, où chacune des races qui se sont succédé dans la Grande-Bretagne semble avoir laissé l'empreinte de sa civilisation, Lambrecht trouvait de curieux rapports avec notre législation française; car c'était toujours là qu'il en revenait après ces excursions faites au-dehors, si je puis ainsi parler ; jamais il ne la perdait de vue ; il voulait seulement l'étudier d'une manière plus large, plus philosophique, en se livrant à l'examen comparatif des lois étrangères.

Mais l'étude du droit n'avait pas tellement absorbé son esprit et rempli ses facultés qu'il n'y restât plus la moindre place pour les autres connaissances humaines. Les sciences exactes et naturelles, qui furent le premier objet de son application, avaient conservé pour lui beaucoup d'attraits. Il donnait, en outre, presque tous ses moments de loisir à l'histoire et à la littérature, qui reposent si agréablement, relâchent avec tant de charmes l'esprit tendu et fatigué par l'étude des questions de droit et des problèmes de la science. Lambrecht, si recommandable d'ailleurs par son noble caractère et par la considération qui s'attachait justement à son nom, pouvait, à plus d'un titre, devenir notre collè-

gue. Aussi vous êtes-vous empressés de lui ouvrir vos
rangs; aussi n'y eût-il qu'une voix sur sa candidature pour
proclamer son admission dans votre société , le 22 février
1839. Hélas ! nous devions être trop tôt privés de son
utile collaboration ! Mais , dans le peu d'années qu'il nous
fut donné de le voir et de l'entendre , nous eûmes plus
d'une fois l'occasion d'admirer son savoir, d'apprécier tout
son mérite encore relevé par une extrême modestie et la
simplicité la plus charmante.

Lambrecht occupait déjà au barreau une belle position ,
il serait devenu certainement un avocat distingué ; mais
les exigences de sa santé , les honorables traditions de ses
ancêtres et ses propres inclinations l'entraînaient vers la
magistrature. Il était bien digne d'entrer dans cette carrière et il semblait même avoir le droit de la parcourir
rapidement. Son mérite personnel , sa position dans le
monde , le crédit de sa famille devaient peut-être l'autori-
ser à concevoir de hautes espérances. Et toutefois , il lui
fallut attendre ainsi que le commun des aspirants ; et loin
d'avancer aussi vîte qu'il aurait pu le croire , il dût mar-
cher avec lenteur , il dut passer par tous les degrés de la
hiérarchie judiciaire avant d'être élevé au poste qu'il occupait avec tant de distinction lorsque la mort vint l'en faire
descendre si prématurément. Nommé d'abord juge-sup-
pléant au tribunal de Montreuil le 25 mars 1838, il revint
avec ce titre siéger au tribunal de Douai le 1er novembre
de la même année , puis il fut nommé substitut du procureur du roi près le tribunal de Béthune le 30 janvier 1840,
et enfin substitut du procureur du roi près le tribunal de
St.-Omer le 17 novembre 1841. Bien d'autres à sa place
auraient trouvé sans doute que l'on mettait trop de lenteur
à réaliser leurs espérances , ils se seraient tourmentés de
ces retards comme d'une disgrâce injuste , se seraient dé-

sespérés peut-être ; mais Lambrecht avait un trop bon esprit pour commettre une pareille faute et tomber dans cet
excès de mauvaise humeur. Il n'était pas de ces hommes
avides, comme l'on en voit tant aujourd'hui , qui se croient
méconnus et sacrifiés, lorsque l'on ne s'empresse point d'aller
au-devant de leurs désirs de fortune et d'honneurs, lorsque
l'on tarde à reconnaître le mérite souvent fort contestable
qu'ils s'attribuent et à satisfaire leur ambition impatiente.
Tous ces solliciteurs mécontens , toutes ces capacités
incomprises ignorent donc que Pothier mourut conseiller
au présidial d'Orléans, Domat simple avocat du roi au siége
présidial de Clermont. Et ces savants hommes ne se plai-
gnaient point de la médiocrité de leur position, ils ne con-
voitaient rien de plus et ne cessaient néanmoins , par un
travail assidu , d'augmenter le trésor de leurs connaissances acquises ; car, pour eux, le dévouement à la science était
au-dessus des honneurs , de toutes les jouissances de la fortune, de la santé elle-même. Comme le grand jurisconsulte
de Rome , Julien , qui avait coutume de dire : « Eussé-je
déjà un pied dans le tombeau , je voudrais encore m'instruire (1) » , notre illustre Domat répondait à ceux qui
l'engageaient à se reposer de ses fatigues intellectuelles :
« Travaillons ici-bas , nous nous reposerons en paradis. »
Il pensait comme Fénélon , sans doute , « qu'un grand et
» continuel désir de l'instruction pouvait seul nous rendre
» dignes de découvrir les merveilles de la loi de Dieu (2). »
Mais alors même que l'on tarderait à nous rendre justice,
que l'on méconnaîtrait nos titres réels à la place qui fait
l'objet de notre convoitise , serait-ce une raison suffisante
pour nous plaindre avec autant d'amertume , pour crier
anathème au monde tel qu'il est constitué et maudire les

----

(1) *Etsi alterum pedem in tumulo haberem, »on pigeret aliquid
addiscere.* Dig. de fideic. heredit. l. 20.
(2) Fénélon , *Manuel de piété* , p. 59.

ınstitutions qui nous régissent ? Il y aurait bien peu de philosophie dans ces critiques et ces accusations contre les choses d'ici-bas. Ne faut-il donc point se résigner à des mécomptes inévitables dans la vie? Pouvez-vous exiger que le pouvoir ait toujours les yeux ouverts sur votre mérite ? Les hommes qui gouvernent et distribuent les emplois sont-ils infaillibles? Circonvenus de toutes parts , souvent contrariés dans leurs desseins, peuvent-ils toujours, parmi de nombreux candidats, distinguer et choisir le plus digne? Lambrecht , sans se préoccuper de l'avenir , n'avait pour ambition que d'être à la hauteur de son emploi ; il n'avait qu'un souci , qu'une crainte , c'était de rester au-dessous, tant il en comprenait l'importance et la gravité , tant il avait le sentiment vif et profond de la responsabilité qu'il entraîne. Aussi , soit qu'il rendît des jugements, soit qu'il les préparât par ses conclusions , il apportait les mêmes soins , la même conscience dans l'accomplissement de ce double office. Il se gardait surtout de croire , erreur trop commune, qu'avec un esprit naturellement prompt à saisir les difficultés d'une affaire et un sens droit pour les résou-dre , il fût dispensé de l'étude et de la connaissance des lois. Lambrecht , qui avait profondément gravée dans le cœur la religion du devoir, n'admettait pas qu'un magistrat consciencieux pût aussi facilement se passer d'instruction et rendre la justice du premier jet , comme d'instinct , en consultant je ne sais quelle équité imaginaire et trompeuse, merveilleusement propre à introduire la division parmi les juges et l'arbitraire dans les jugemens. Lambrecht aimait mieux dire avec Dumoulin : « Le magistrat doit prendre pour guide l'équité de la loi plutôt qu'une équité de fan-taisie et de caprice (1) » ; il pensait avec Bacon que le

---

(1) *Æquitatem legis judex sequi debet non proprii capitis.*

despotisme du législateur était préférable à la licence du juge (1) ; il considérait avec Grotius l'équité , non comme l'antagoniste , mais comme le supplément naturel de la loi dans les cas qu'elle n'a point prévus , à cause de sa généralité (2).

Mais il ne suffit point de connaître les lois , de posséder la science du jurisconsulte et l'expérience du praticien pour remplir dignement le ministère sacré de la justice , qui s'est toujours présenté à la vénération des peuples moins comme une autorité que comme un sacer-doce (3). » Nul n'est bon juge , tant soit-il grand juriscon-» sulte et lettré , s'il n'est homme de bien » , disait le chancelier Lhôpital au Parlement de Paris (4) , et Daguesseau , que Louis XIV appelait le plus honnête homme de son royaume , allait plus loin encore lorsqu'il déclarait dans sa mercuriale sur la *fermeté* , que *le magistrat qui n'est pas un héros n'est pas même un homme de bien* , voulant par là faire entendre que la faiblesse est peut-être plus opposée à la vertu que le vice même. Lambrecht s'était bien pénétré de ces fortes maximes pour se garantir de tous les dangers de sa position. Et en effet , Messieurs , lorsque l'on y réfléchit , ne voit-on pas aussitôt à combien de tentations la conscience du magistrat se trouve exposée, combien il doit se raidir et se défier de lui-même, pour ne pas céder à toutes les intrigues qui s'agitent , à toutes les influences malignes qui s'exercent autour de lui ? Il semble

---

(1) *Optima lex quæ minimum relinquit arbitrio judicis , optimus judex qui minimum sibi.*

(2) *Correctio ejus in quo lex propter universalitatem deficit.*

(3) ..... *Meritò nos sacerdotes* , dit Ulpien , *justitiam namque colimus : boni et æqui notitiam profitemur.* (D. L. 1 , de justitià et jure.)

(4) Remontrances du 26 juillet 1567.

que tout conspire contre son intégrité ; et les ennemis du
dehors ne lui sont pas plus redoutables que les ennemis du
dedans, si je puis ainsi parler. Car les instances de l'amitié,
les sollicitations domestiques sont-elles donc plus innocentes
dans leur but que les séductions du pouvoir ou de la fortune que l'on pourrait faire briller aux yeux du magistrat?
Ne sont-elles pas d'autant plus dangereuses que la vertu
s'en alarme moins , qu'elles ne blessent pas au même degré
la délicatesse de la conscience et qu'elles peuvent même ,
jusqu'à un certain point , faire illusion à une âme honnête?
Cependant les conséquences sont pareilles , également
pernicieuses ; et le résultat, c'est toujours l'injustice , quel
que soit le prétexte dont elle s'autorise , et sous quelque
voile qu'elle se cache.

Lambrecht avait su joindre à une grande fermeté de
caractère, à une raideur inflexible de conscience, beaucoup
de politesse dans les formes, d'affabilité dans les manières.
Il ne rebutait personne, accueillait tout le monde avec une
égale bienveillance, mais on n'aurait pu lui arracher aucune
concession, quand il s'agissait d'un devoir à remplir. Peut-
être , en le voyant d'un abord si facile et d'une patience si
grande à écouter leurs discours , certains plaideurs de
mauvaise foi ont-ils pu se bercer du coupable espoir de le
gagner par leurs paroles insidieuses, de le surprendre par
d'adroits sophismes ; mais ils auront bientôt appris , s'ils
l'ignoraient , que la vertu ne peut fraterniser avec le vice
ni la vérité s'unir au mensonge ; qu'un digne magistrat
n'est pas plus la dupe que le complice du plaideur sans
conscience.

Que vous dirai-je encore , Messieurs , de la profonde
sympathie que ressentait Lambrecht pour toutes les misè-
res humaines , du généreux patronage qu'il exerçait sur
plusieurs familles indigentes , et particulièrement de sa

bienfaisance éclairée qui ne se contentait pas de pourvoir aux besoins matériels , mais s'appliquait en outre d'une manière si utile à l'instruction du peuple ? Lambrecht con- sacrait tous les ans une assez forte somme à cette bonne œuvre dans la commune de Gœulzin, qui bénira long-temps sa mémoire. Messieurs, il y a dans la langue populaire un mot d'une admirable simplicité et qui semble avoir été inspiré par l'un des plus touchants préceptes de l'Evan- gile (1). En parlant d'un homme de cœur, l'on dit vulgai- rement : c'est un bon enfant. Nous le dirons aussi de Lam- brecht pour son plus bel éloge assurément. Car, ne nous y trompons pas, l'esprit n'est, à le bien prendre, qu'un riche ornement propre à nous faire briller quelques jours en ce monde , mais nous n'aurons jamais de valeur solide et de titres réels à l'estime, à l'amour de nos semblables, que par le cœur. C'est vraiment le cœur qui fait l'humanité dans l'homme.

Lambrecht , par cet heureux mélange des qualités qui font le bon magistrat , l'homme de bien et l'homme du monde, s'était concilié l'affection et l'estime générales. Qui n'aurait envié son sort ? Tout semblait lui sourire ici-bas , et, comme pour mettre le comble à son bonheur , il venait de prendre dans sa famille une jeune femme ornée de tou- tes les grâces et de toutes les vertus. Hélas ! pourquoi faut- il qu'une carrière si belle , aussi bien commencée , ait été si brusquement interrompue ? Nous tous ses amis avions déjà prévenu de nos souhaits le jour où Lambrecht pren- drait à la cour la place que semblait lui promettre l'avenir ; et voilà que tout-à-coup une maladie fatale vient le saisir et le traîner lentement à la tombe. C'est en vain qu'il essaie

---

(1) *Nisi efficiamini sicut parvuli non intrabitis in regnum cœlorum.* St. Math. c. 18. ỳ 2.

de lui échapper, qu'il espère trouver sa guérison sous le ciel plus doux de l'Italie. Rien ne peut le sauver ; ni les efforts des médecins, ni les vœux ardens de ses amis, ni les prières et les larmes de ses parents , ni les soins empressés d'un frère chéri, ni le dévouement inaltérable d'une jeune épouse qui, comme son ange gardien sur la terre , ne l'avait pas quitté un seul moment et l'avait suivi jusqu'à Rome, où ils allaient si douloureusement se séparer. La ville des ruines et des tombeaux, Rome, qui semble offrir de tous côtés le magnifique témoignage du néant des grandeurs humaines, devait être le terme de son pèlerinage en ce monde. Le 1er novembre 1842, Lambrecht, muni des secours de la religion, rendait doucement son âme à Dieu.

Douai.—ADAM D'AUBERS , imprimeur (Avril 1844).

www.ingramcontent.com/pod-product-compliance
Lightning Source LLC
Chambersburg PA
CBHW060736280326
41933CB00013B/2665